Vereine und Genossenschaften.

Ein Beitrag zum Verständnis der Vereins- und Genossenschafts-Gesetzgebung.

Von

Adolf Rüdiger,

kgl. Advokat und Rechtsanwalt
in München.

Zweite Auflage.

München 1890.

J. Schweitzer.

§ 1. Die Bedeutung der genossenschaftlichen Vereinigungen im Allgemeinen.

Es gab in Deutschland eine Zeit, in welcher der Gemeinsinn alle Lebensbeziehungen so sehr beherrschte, dass der Einzelne kaum mehr als solcher, sondern fast nur noch als Glied einer grösseren Vereinigung eine Rolle spielen konnte und in der genossenschaftlichen Vereinigung, der er angehörte, fast vollständig aufgegangen war. Es war die Zeit des Mittelalters, dem dieser Alles beherrschende Gemeinsinn zugleich die geheimnisvolle Kraft und die reichen Mittel bot, auf allen Gebieten des Lebens den höchsten Zielen nachzustreben und Dinge zu vollbringen, vor denen wir heute mit staunender Verwunderung stehen. — Dann aber kam eine Zeit vollständigen Verfalles des genossenschaftlichen Lebens, und erst unser Jahrhundert brachte dasselbe — in anderer zeitgemäser Form — wieder zum Aufschwung und zu neuer Blüthe. Zahllos sind die Vereine zur Förderung geselliger, sittlicher, wissenschaftlicher, religiöser und politischer Zwecke. Ungeheuer gross ist die Zahl der Genossenschaften zu wirthschaftlichen Zwecken, von denen besonders die Genossenschaften nach dem System Schulze-Delitzsch und die Darlehenskassenvereine nach dem System Raiffeisen genannt zu werden verdienen. Genossenschaften des ersteren Systems zählte man (nach Pröbst) Ende 1887 im Deutschen Reiche 5000 mit ungefähr 2 Millionen Mitgliedern und 3 Milliarden geschäftlicher Jahresleistung; die Zahl der Darlehenskassen nach letzterem System wurde Anfangs 1889 auf rund 1000 geschätzt.

Der Einfluss dieser Vereine und Genossenschaften auf unser sociales, wirthschaftliches und politisches Leben ist ein unmessbarer, und unschätzbar ist die sittliche Bedeutung, die denselben innewohnt, theils wegen des Zweckes, dem sie dienen, überall aber wegen des Gemeinsinnes, auf dem sie beruhen, den sie wach erhalten und dessen Vermehrung sie fördern.

Den wirthschaftlichen Genossenschaften insbesondere liegt die bedeutsame Tendenz zu Grunde, dem Einzelnen als Mittel zu dienen, auf dem Wege der S e l b s t h i l f e durch Anschluss an Andere sich zu schützen gegen die Uebermacht stärkerer wirthschaftlicher Kräfte. Zunächt freilich ist hier ein egoistischer Gedanke, der den Einzelnen der genossenschaftlichen Verbindung und Verbrüderung zuführt, aber es ist kein einseitiger, sondern jener geläuterte Egoismus, der in demselben Masse, als er die Hilfe Anderer beansprucht, auch Anderen zu helfen bereit ist, und so findet auch in der wirthschaftlichen Genossenschaft ein edler Gemeinsinn sich verkörpert.

§ 2. Begriffsbestimmung.

Aus dem Umstande, dass hier bald von Vereinen, bald von Genossenschaften die Rede ist, könnte gefolgert werden, dass zwischen Verein und Genossenschaft ein begrifflicher Unterschied bestehe. Dem ist indess nicht so. Denn die Worte Verein und Genossenschaft werden *promiscue*, d. i. willkürlich für einander und durcheinander gebraucht, und mit Recht; denn in der That muss jeder Verein, der überhaupt diesen Namen im herkömmlichen Sinne verdient, genossenschaftlich organisirt sein; hat aber ein Verein eine solche Organisation, so ist klar, dass zwischen Verein und Genossenschaft, was ihr eigentliches Wesen betrifft, kein begrifflicher Unterschied mehr sein kann. Wir verstehen darum unter einem Vereine und unter einer Genossenschaft eine Personenvereinigung, die gemäss ihrer Organisation befähigt ist, nach Aussen wie eine einzelne Person aufzutreten und welche den Anspruch erhebt, ein selbstständiges, von den vereinigten Personen verschiedenes Rechtssubject zu sein und als solches zu gelten. Freilich, indem ein Personenverein den Anspruch erhebt, als selbstständiges Rechtssubject zu gelten, ist er das noch nicht, und der Anspruch erweist sich als wirkungslos, so lange dieser Anspruch von der Allgemeinheit nicht anerkannt ist.

Diese Anerkennung könnte erfolgen durch einen allgemeinen Rechtssatz, welcher dahin lauten würde, dass jede Personenvereinigung, welche mit der Tendenz sich bildet, eine juristische Person, d. i. ein selbstständiges, von ihren Mitgliedern und von der Gesammtheit ihrer Mitglieder verschiedenes Rechtssubject zu sein, und welche sich eine hiezu erforderliche Organisation gegeben hat, auch vom Rechte d. i. allgemein als Rechtssubject anzuerkennen sei. — Aber die Giltigkeit dieses Rechtssatzes ist bestritten, und es muss daher gesagt werden: Unbestritten gelten nur jene Personenvereine als selbstständige Rechtssubjecte und sind als juristische Personen anerkannt, denen entweder die juristische Persönlichkeit als Privilegium verliehen worden ist, oder welche auf Grund des Gesetzes die

Eigenschaft eines anerkannten Vereins bezw. einer eingetragenen Genossenschaft erlangt haben.

§ 3. Geschichtliche Rückblicke.

Vor Allem hat die Frage ihre volle Berechtigung, ob es für einen Verein überhaupt erforderlich sei, dass er die Eigenschaften und Rechte einer juristischen Person besitze und dass er als eine solche anerkannt werde, und welches der Unterschied sei zwischen einem anerkannten und einem nicht anerkannten Vereine, zwischen einer eingetragenen und einer nicht eingetragenen Genossenschaft.

Diese Frage hängt mit der Geschichte des genossenschaftlichen Vereins und mit der Frage innig zusammen, wie der genossenschaftliche Verein im Rechte früher behandelt wurde und wie er heutzutage beurtheilt wird. Auch wird man kaum zu einem klaren Verständnise darüber gelangen, welches denn eigentlich die rechtliche Natur dieser Vereine ist, wenn man nicht die Geschichte unseres Vereins- und Genossenschaftswesens wenigstens in den allgemeinen Umrissen wird kennen gelernt haben. Hierüber Folgendes.

Der Germane liebte die Freiheit über Alles; er kannte und wollte keinen obrigkeitlichen Schutz; den Schutz schufen sich unsere Voreltern selbst, indem sie, wozu auch der Trieb zur Geselligkeit viel beitrug, zu genossenschaftlichen Verbänden sich zusammenschlossen.

Die ursprünglichste dieser Genossenschaften war die Familien- oder Geschlechtsgenossenschaft, eine Vereinigung aller Derjenigen, die einen gemeinschaftlichen Stammvater hatten, sich eines gemeinschaftlichen Stammvaters erinnerten, mit der Aufgabe, die Geselligkeit zu pflegen in den weithin berühmt gewordenen Trinkgelagen, bei welchen zu erscheinen sogar zur Pflicht gemacht war, die Pflichten der Brüderlichkeit zu üben und sich gegenseitig den Frieden, die Freiheit und das Recht zu schützen und zu wahren.

Je mehr aber die Geschlechter an Umfang zunahmen, desto mehr musste eine Vermengung der verschiedenen Geschlechter stattfinden, und das Bewusstsein der Angehörigkeit zu einem bestimmten Geschlechte konnte nicht *in infinitum* festgehalten werden. Nichts war daher natürlicher, als dass neben der Idee der Geschlechtsangehörigkeit die Idee der Stammes- und Volksangehörigkeit sich entwickelte, und so bildeten sich, den genossenschaftlichen Gedanken in verallgemeinerter Form fortsetzend, neben den Geschlechtsgenossenschaften die Mark- und Gaugenossenschaften.

Diese Geschlechts-, Mark- und Gaugenossenschaften waren Genossenschaften, die mit einer gewissen Natürlichkeit und Nothwendigkeit durch verwandtschaftliche Verhältnisse und geschichtliche Ereignisse geworden waren. Aber der genossenschaftliche Geist begnügte sich hiemit nicht. Was man als geschichtlich geworden erkannt hatte, das suchte man auch zu machen, und indem man es machte, gelangte man sowohl auf öffentlich-rechtlichem wie auf privatrechtlichem Gebiete zur „Gründung" von Genossenschaften durch bewussten Willensact und freie Einigung von Personen.

Hatte sich aus der Geschlechts- und Markgenossenschaft die Mark- (Dorf-) Gemeinde entwickelt, so entstanden jetzt aus einer Verschmelzung des Markgemeindeprincipes mit dem neuen Einigungsprincipe die städtischen Gemeinwesen. Das Urbild aber der dem reinen Einigungsprincipe entsprungenen, durch freigewollte, bewusste „Gründung" entstandenen Genossenschaften waren die mittelalterlichen Gilden. Sie wurden erzeugt durch das Bedürfnis und das Verlangen der Betheiligten, unter Verzicht auf die Hilfe des Staates, der oft nicht wollte oder auch gar nicht konnte, sich selbst und aus eigener Kraft den nöthigen Schutz gegenseitig zu gewähren. Auch hier waren die Genossen durch die innigsten Bande der Freundschaft und Brüderlichkeit mit einander verbunden. Sie waren nicht wie unsere modernen Genossenschaften Vereinigungen zu einzelnen besonderen Zwecken, sondern die brüderliche Verbindung ergriff, wie es der Bedeutung des Wortes entsprach, den ganzen Menschen und erstreckte sich auf alle Beziehungen des menschlichen Lebens in religiöser, geselliger, sittlicher, wirthschaftlicher und politischer Hinsicht, und ihre Ziele waren darum zugleich religiöse, gesellige, sittliche, wirthschaftliche und politische. Besonders die Förderung von Standesinteressen und gewerblichen Zwecken wurde Bestimmung der Gilden, wofür namentlich die Innungen und Zünfte, die Kaufmannsgilden und die Handwerkergilden wegen ihrer culturgeschichtlichen, socialen, wirthschaftlichen und politischen Bedeutung als Beispiele genannt zu werden verdienen.

Fragen wir nach der rechtlichen Natur der mittelalterlichen Genossenschaften, so besteht darüber kein Zweifel, dass das ältere deutsche Recht dieselben als rechtliche Einheiten betrachtete und für dieselben eine staatliche Genehmigung nicht forderte.

Herrschten auch hie und da hinsichtlich der Vertretung derselben nach Aussen und hinsichtlich der Frage, welche Wirkung den von den Vertretern vorgenommenen Handlungen für die Genossenschaft und die Genossen beizulegen sei, mancherlei Unklarheiten, so ist doch gewiss, dass die Gilden in ihrer Blüthezeit als juristische Personen nach Aussen sich geltend machten und im Allgemeinen als selbstständige Rechtssubjecte im Rechte behandelt wurden.

Als aber das furchtbare Nationalunglück des 30jährigen Krieges über uns gekommen war, kam nicht blos das Genossenschaftswesen, das bis zur Reformation trotz vielseitiger Anfeindungen sich immer reicher und mächtiger entfaltet hatte, in Verfall, sondern es trat auch in der rechtlichen Behandlung und Beurtheilung derartiger Personenvereinigungen ein völliger Umschwung ein.

Der genossenschaftliche Geist war dem deutschen Volke so sehr entschwunden und die Zeit war so arm an Gemeinsinn geworden, dass Sprichwörter, wie „communio mater discordiarum, die Gemeinschaft ist die Mutter der Zwietracht", oder „communia communiter negleguntur, gemeinsame Geschäfte werden gemeinsam vernachlässigt," — aufkamen und im täglichen Leben ihre traurige Bestätigung fanden. Sogar das Wort „gemein, Gemeinheit", dem vorher die Bedeutung edelsten Gemeinsinnes innewohnte, musste es sich gefallen lassen, zu der schlechten Bedeutung, die es heute noch hat, herabgedrückt zu werden.

Widerstandslos trat nun an die Stelle des Rechtsstaates der Polizeistaat, an die Stelle der freien Entwicklung des Rechtslebens und der Selbstverwaltung trat die Bevormundung durch den Alles beherrschenden und in Alles hineinregierenden Staat.

Wohl bildeten sich auch in dieser Zeit vereinzelt noch Personenvereinigungen mit genossenschaftlicher Grundlage, weniger für wirthschaftliche als für wissenschaftliche und humanitäre Zwecke, aber ihre Entstehung und ihre Fortexistenz war bedingt durch die Concession des Staates; und was die rechtliche Behandlung der genossenschaftlichen Vereinigungen anlangt, so ging das Verständnis und die Fähigkeit für eine richtige Beurtheilung dieser aus altgermanischem Geiste herausentwickelten Rechtseinrichtung immer mehr und mehr verloren. Denn die Juristen waren in dieser Zeit ganz von dem Geiste des Römischen Rechtes durchdrungen, und so sehr war das Ansehen des letzteren gewachsen, dass man es nicht blos wie einheimisches Recht gelten liess, sondern ihm sogar eine das ursprüngliche vaterländische Recht vollständig aufsaugende Wirkung beizulegen versuchte. So kam es, dass alte überlieferte und in dem Bedürfnisse und dem Rechtsbewusstsein des Volkes tief wurzelnde Rechtseinrichtungen, die man am liebsten ganz unterdrückt hätte, sich mindestens gefallen lassen mussten, nach römisch-rechtlichen Formeln künstlich construirt und nach römisch-rechtlichen Principien beurtheilt und behandelt zu werden.

Nun kannte zwar das Römische Recht öffentlich-rechtliche Corporationen (wie den Staat, die Kirche, die Gemeinde) und anerkannte sie als juristische Personen, demgemäs dieselben in vermögensrechtlicher Hinsicht wie natürliche Personen Rechts- und Handlungsfähigkeit besassen; aber Personenvereine, die auf dem freien Einigungswillen der Betheiligten beruhten, kannte das Römische Recht nur als „societates", als „Gesellschaften", und deshalb mussten, als das Römische Recht in Deutschland sich einbürgerte, auch die auf genossenschaftlicher Grundlage gebildeten Personenvereine es über sich ergehen lassen, als Gesellschaften im römisch-rechtlichen Sinne behandelt zu werden.

§ 4. Die Unbrauchbarkeit der römisch-rechtlichen Gesellschaftstheorie für genossenschaftliche Vereine.

Die Societät oder Gesellschaft im römisch-rechtlichen Sinne ist eine Personenvereinigung, welche ihre Entstehung hat in einem Vertrage, den jeder Einzelne mit allen Uebrigen schliesst — der Art, dass Jeder zu allen andern Gesellschaftern in ein persönliches vertragsmässiges Verhältniss tritt und Jeder an den Rechten und Verbindlichkeiten der Gesellschaft zu einem bestimmten Theile participirt. Das Vermögen ist hier nicht Eigenthum der Gesellschaft, die überhaupt nicht ein selbstständiges Rechtssubject ist, sondern es ist Eigenthum der Einzelnen zu bestimmten Antheilen, und das Verhältniss der einzelnen Gesellschafter zu einander ist ein derart persönliches, dass durch den Tod wie durch den Austritt eines Gesellschafters das Ende der Gesellschaft selbst herbeigeführt wird. Demzufolge könnte die Absicht der übrig gebliebenen Gesellschafter, zu dem bisher verfolgten Zwecke unter sich das Gesellschaftsverhältnis fortzusetzen, in jedem einzelnen Falle nur wieder durch Abschluss eines neuen Gesellschaftsvertrages erreicht werden. Ebenso könnte der Eintritt eines neuen Gesellschafters nur dadurch erfolgen, dass jedesmal die alte Gesellschaft sich auflöst und zwischen den nunmehrigen Mitgliedern ein neues persönliches Gesellschaftsverhältnis durch einen neuen Gesellschaftsvertrag begründet würde.

Nun liegt es in der Natur der Sache und leuchtet von selbst ein, dass unter solchen rechtlichen Bedingungen alle jene Personenvereine nicht bestehen und wirken können, welche, wie unsere Vereine zu wirthschaftlichen, geselligen und anderen

Zwecken, nicht einen blos vorübergehenden, sondern einen auf lange Dauer abzielenden Zweck sich gesetzt haben und welche diesen Zweck nicht etwa nur auf den engen Kreis von — der Zahl und der Person nach — genau bestimmten Mitgliedern beschränken, welche vielmehr von vornherein die Tendenz verfolgen, immer neue Mitglieder zu gewinnen, und darum durch ihren Zweck darauf angewiesen sind, dass ihre rechtliche Existenz von dem Wechsel der Mitglieder nicht bedingt sei, d. h. dass die Personen der Mitglieder stets wechseln können, der Verband aber trotzdem als solcher immer derselbe bleiben und als solcher immer fortbestehen kann.

Diesem Bedürfnisse kann aber wiederum nur dann genügt werden, wenn die Rechtslage eine solche ist, dass das dem gemeinsamen Zwecke dienende Vermögen der Verfügungsgewalt der Einzelnen völlig entzogen ist, mit andern Worten, wenn die einzelnen Mitglieder nicht Miteigenthümer des dem Vereinszwecke dienenden Vermögens sind; denn wären sie dieses, so würde jeder Austretende oder durch Tod Ausscheidende seinen Antheil mitzunehmen berechtigt sein.

Das dem Zwecke dienende Vermögen kann also, wenn es dem genossenschaftlichen Zwecke dienen soll, nicht Eigenthum der einzelnen Mitglieder sein, es kann aber andererseits auch nicht herrenlos sein, sondern es muss, um seinem Zwecke dienen zu können, Eigenthum des Vereins sein. Damit aber der Verein Eigenthümer des dem Vereinszwecke gewidmeten Vermögens sein könne, muss er als solcher die Eigenschaft eines Rechtssubjectes haben, er muss die Eigenschaften einer juristischen Person besitzen.

Nach Einbürgerung des Römischen Rechts bis in unsere Zeit war dies meist nur dadurch zu erreichen, dass der Staat die juristische Persönlichkeit als Privilegium verlieh. Als aber in unserm Jahrhundert nach den grossen Befreiungskriegen der genossenschaftliche Geist wieder lebendiger wurde, da regte sich auch sofort wieder das Bewusstsein, das wie ein glimmender Funken unter den Trümmern der Gilden kümmerlich sich erhalten hatte, dass genossenschaftliche Vereine auch ohne staatliche Genehmigung müssten bestehen und wirken können, und es entstanden zahlreiche Vereine, die, ohne die staatliche Verleihung der juristischen Persönlichkeit nachzusuchen, sich wie juristische Personen gerirten mit der entschiedenen Prätension, auch vom Rechte als juristische Personen anerkannt zu werden.

Aber die juristische Construction solcher Genossenschaften machte noch immer grosse Schwierigkeiten, weil man noch immer mit den überlieferten römisch-rechtlichen Begriffen operiren zu dürfen und mit denselben auskommen zu können glaubte. Hat doch selbst die Dresdener Commission zur

Berathung eines Deutschen Obligationenrechts den Begriff der deutsch-rechtlichen Genossenschaft als einen „ziemlich nebelhaften" noch bezeichnen können und die durch freie Willenseinigung geschaffenen und genossenschaftlich organisirten Personenvereinigungen dahin definirt, dieselben träten zwar nach Aussen formell wie Corporationen auf, unter den Mitgliedern selbst aber bestehe ein nach römisch-rechtlichen Regeln zu beurtheilendes, societätsmässiges Verhältniss, und die Eigenschaft einer juristischen Person komme denselben durchaus nicht zu.

Die Rechtsprechung freilich sah sich genöthigt, nach allerlei Auswegen zu suchen, um den thatsächlichen Verhältnissen einigermassen gerecht werden zu können.

So spricht ein Urtheil des früheren Reichs-Oberlandes gerichts Leipzig vom 1. December 1871 (Entsch. Bd. IV, S. 200 ff.) über die Frage, ob ein Verein, der nicht als juristische Person ausdrücklich anerkannt sei, als Kläger oder Beklagter vor Gericht stehen könne, sich folgendermassen aus: Auf Vereinigungen „gewisser" Art, welche nach ihren Zwecken, nach der Art ihrer Verfassung und Verwaltung, insbesondere nach der Stellung, welche die einzelnen Mitglieder gegenüber der Gesammtheit einnehmen und nach dem Auftreten der Gesammtheit im Verkehre sich thatsächlich den Corporationen im Sinne des Römischen Rechtes nähern — (überall spukt das Römische Recht!) — wendete das deutsche Gewohnheitsrecht vielfach die für diese geltenden Rechtssätze an, auch wenn ein Act der Staatsgewalt, welcher die juristische Persönlichkeit förmlich verlieh, nicht vorlag. — Es wurde dann noch festgestellt, dass bei dem betreffenden Personenvereine alle Merkmale zutreffen, um ihm die bezeichnete Stellung einzuräumen. Freilich, es wurde noch ausdrücklich — wie zur Entschuldigung für eine solche Auffassung das rechtlich belanglose Moment erwähnt, dass die Statuten von der Staatsregierung genehmigt worden seien, also das Bestehen des Vereins in der durch die Statuten geregelten Form von der Staatsregierung anerkannt worden sei.

Weit wichtiger als die Frage der Processfähigkeit ist die andere Frage, ob und inwieweit die einzelnen Mitglieder eines Vereins, dem die Rechte einer juristischen Person nicht verliehen sind, für die Schulden desselben zu haften haben. Nach den Einen sollen die sämmtlichen Mitglieder nach den Grundsätzen des Römischen Rechts über die Societät solidarisch und mit ihrem ganzen Vermögen haftbar sein, Andere verweisen die Gläubiger an diejenigen Einzelpersonen, welche als Vertreter des Vereins im gegebenen Falle gehandelt haben, und wieder Andere stellen andere mit der Natur unserer Vereine nicht vereinbarliche Ansichten auf.

Indessen sind auch namhafte Autoren, welche den Rechtssatz aufstellen, dass sobald sich für einen erlaubten und unpersönlichen Zweck eine Personenverbindung gebildet habe mit der Absicht, ein selbstständiges Rechtssubject zu sein, und wenn sie sich zugleich eine solche Verfassung gegeben habe, welche ihr diejenigen Eigenschaften gibt, die das Recht als Eigenschaften einer juristischen Person fordert, diese Personenverbindung von selber als Corporation bestehe und, um Corporation mit selbstständigen Rechten und Pflichten zu sein, nichts weiteres bedürfe.

Würde diese Ansicht als richtig anerkannt, so würde von selbst daraus folgen, dass, soferne nicht etwas Anderes ausdrücklich bestimmt ist, die Mitglieder des Vereins für die Schulden desselben nicht zu haften haben. Aber das Reichsgericht hat in einem Urtheile vom 5. März 1884 (Entsch. d. XII, S. 229) jenen Rechtssatz nicht als bestehend anerkannt.

Um aber gleichwohl nicht die einzelnen Mitglieder für die Schulden des Vereins mit ihrem ganzen Vermögen haftbar machen zu müssen, knüpfte das Reichsgericht daran an, dass es nicht die Absicht der Mitglieder gewesen sei, mit ihrem ganzen Vermögen persönlich für die dem Verein entstandenen Verbindlichkeiten zu haften; wohl seien die einzelnen Mitglieder, nicht der Verein, die Träger der entstandenen Verbindlichkeiten; allein wie eine Einzelperson mit der Erklärung contrahiren könne, sie wolle für die Erfüllung nur mit einem bestimmten Vermögensobjecte haften, so könne auch eine Mehrheit von Personen mit der Beschränkung contrahiren, dass sie nur mit einem bestimmten Vermögen, z. B. nur mit ihren Beiträgen und mit den Einnahmen, welche sie zusammen machen würden, haften wollten. Sei in solcher Weise Namens der Gesammtheit der Mitglieder contrahirt worden, so könne auch eine weitergehende Haftung der Mitglieder von den Gläubigern, die sich darauf eingelassen hätten, nicht in Anspruch genommen werden.

So zeigt also die Rechtsprechung die entschiedene Neigung, den thatsächlichen Verhältnissen möglichst, wenn auch mit ziemlich künstlichen Constructionen sich anzubequemen, und muss dadurch unfreiwillig bestätigen, dass die vom Volke als Bedürfnis empfundenen und darum auch vom Rechtsbewusstsein des Volkes getragenen Einrichtungen sich als stärker erweisen, als die unter dem Einflusse des entlehnten Römischen Rechts herausgebildeten theoretischen Anschauungen. Aber immerhin stehen wir vor einem Kampfe, der noch nicht abgeschlossen ist, und allen Vereinen, welche die Rechte einer juristischen Persönlichkeit noch nicht durch irgend einen formellen Act erlangt haben, fehlt die Rechtssicherheit.

Für kleinere Vereine, besonders wenn sie nur geselligen Zwecken zu dienen sich zur Aufgabe gemacht haben, und überhaupt bei solchen, bei denen die Kasse mehr nur dazu bestimmt ist, jeweils für die laufenden Bedürfnisse aufgebraucht zu werden, mag jener Mangel weniger empfindlich sein. Aber je grösser ein Verein ist und je bedeutsamer und wichtiger die Zwecke sind, die er sich gesetzt hat, und je mehr er in die Lage kommen kann, zur Erreichung seiner Zwecke mit Dritten in geschäftliche Beziehungen treten zu müssen, desto mehr erwächst für ihn daraus, dass er als juristische Person nicht allgemein anerkannt ist, und aus der zur Zeit damit verbundenen Rechtsunsicherheit die Gefahr einer Schädigung seiner Interessen und der privaten Interessen seiner Mitglieder.

§ 5. Die Gesetzgebung.

Um nun den Bedürfnissen des Lebens Rechnung zu tragen, hat der Staat Mittel an die Hand gegeben, welche der Gefahr der Rechtsunsicherheit vorzubeugen oder sie zu beseitigen dienlich sein sollen, und er überlässt es den Vereinen, im Bedürfnisfalle sich dieser Mittel zu bedienen. Für viele Vereine zwar ist noch immer die staatliche Privilegirung der einzige Weg, auf dem sie die zur Erreichung ihrer Ziele nöthigen Rechte einer juristischen Person erlangen können; für andere Arten von Vereinen aber besteht auf Grund besonderer Gesetze die Möglichkeit, die juristische Persönlichkeit oder die Rechte einer solchen auch ohne staatliche Privilegirung zu erlangen, und als solche Gesetze haben wir zu nennen: 1. Das Reichsgesetz vom 1. Mai 1889 über die Erwerbs- und Wirthschaftsgenossenschaften und 2. speciell für Bayern das Bayerische Gesetz vom 29. April 1869 über die privatrechtliche Stellung von Vereinen.

Unter ersteres Gesetz fallen alle diejenigen genossenschaftlichen Vereine, welche die Förderung des Erwerbes oder der Wirthschaft ihrer Mitglieder mittels gemeinschaftlichen Geschäftsbetriebes bezwecken; unter letzteres Gesetz aber fallen jene genossenschaftlichen Personenvereinigungen, welche nicht zu den Erwerbs- und Wirthschaftsgenossenschaften gehören und auch sonst nicht auf Erwerb, Gewinn oder eigentlichen Geschäftsbetrieb abzielen, also solche, welche vornehmlich gesellige, sittliche, wissenschaftliche, künstlerische und dergleichen Zwecke verfolgen.

Da die Erwerbs- und Wirthschaftsgenossenschaften ein förmliches Geschäft betreiben, indem sie durch ihren Zweck darauf angewiesen sind, mit ihren Mitgliedern und mit Dritten in einem fortlaufenden Geschäftsverkehre sich zu befinden, aus welchem Gewinn und Verlust entstehen kann, so ist es selbstverständlich, dass für diese Erwerbs- und Wirthschaftsgenossenschaften besondere Bestimmungen im Gesetze getroffen wurden, welche theils geeignet erscheinen, die für einen geordneten Geschäftsbetrieb erforderlichen Garantien nach Innen wie nach Aussen zu schaffen, theils als wünschenswerth sich darstellen mit Rücksicht auf die weiten Volkskreise, die in den Wirkungskreis der Genossenschaften möglicherweise hineingezogen werden.

In diesen Bestimmungen liegt der hauptsächliche Unterschied zwischen den beiden genannten Gesetzen, die im Uebrigen den gleichen Zweck haben, nämlich zunächst die Voraussetzungen festzustellen, unter denen Personenvereinigungen die Rechte einer Corporation erlangen können, und sodann die Rechte selbst, welche sie hiernach besitzen sollen, näher zu bestimmen.

Nach beiden Gesetzen ist überdies die Erwerbung der Rechte einer juristischen Person in formeller Hinsicht durch den Eintrag in ein vom Gerichte geführtes Register bedingt, allein die Bestätigung ist nun nicht mehr von dem Belieben der Staatsgewalt abhängig, sondern die Bestätigung bezw. der Eintrag und hiemit die Verleihung der Rechte einer juristischen Person muss erfolgen, wenn die Statuten den gesetzlichen Vorschriften entsprechen.

§ 6—10. Die Organisation und die Rechte der anerkannten Vereine und der eingetragenen Genossenschaften.

§ 6. Vorbemerkung.

Es ist oben (§ 3) dargestellt worden, wie der genossenschaftliche Gedanke zuerst in der Familien- oder Geschlechtsgenossenschaft, dann in den Mark- und Gaugenossenschaften seinen Ausdruck fand. Wir haben sodann gesehen, wie nach dem Vorbilde dieser geschichtlich gewordenen Genossenschaftsbildungen auf dem Wege der freien Einigung andere Genossenschaften sich bildeten, und wie unsere öffentlichen Gemeinwesen (öffentlich-rechtlichen Corporationen) und die Privatgenossenschaften (Privatcorporationen) einer gemeinsamen Wurzel entsprossen sind. Wenn nun hinzugefügt wird, dass die mittelalterlichen Gilden und Zünfte sich zum Theil zu förmlichen Organen des städtischen Gemeinwesens erhoben und obrigkeitliche Stellungen erhielten; wenn wir erfahren, dass die Zünfte mit dem Handwerksamt betraut werden und gesetzgeberische, gerichtliche, polizeiliche und finanzielle Befugnisse in Gewerbesachen üben; wenn wir sehen, wie die Kaufmannsgilde das Subject der Handelsgesetzgebung, der Handelsgerichtsbarkeit und der Handelspolizei wird; wie ferner die Gilden kirchliche Patronatsrechte, ja selbst landeshoheitliche Rechte erwarben, wie also Genossenschaft und öffentliches Gemeinwesen fortwährend sich ineinander verweben und gegenseitig für ihre Ausgestaltung einen wesentlichen Einfluss üben, so wird es klar, dass zwischen der auf freier Einigung beruhenden genossenschaftlichen Vereinigung und dem öffentlichen Gemeinwesen die innigste Verwandtschaft bestehen muss, und es wird verständlich, wenn gesagt und an Beispielen erläutert wird, dass die Rechte unserer genossenschaftlichen Personenvereine in der einfachsten und natürlichsten Weise sich klären, wenn wir die analogen Verhältnisse, die in den öffentlichen Gemeinwesen (in Staat und Gemeinde) sich vorfinden, in's Auge fassen.

§ 7. Entstehung des Vereins und Erwerb der Mitgliedschaft.

Zur Bildung einer Genossenschaft oder eines Vereins ist vor Allem erforderlich, dass mehrere Personen zur Erreichung eines bestimmten Zweckes sich vereinigen. Die Personen sind die lebendigen Glieder, aus welchen der genossenschaftliche Körper sich zusammensetzt. Die Zugehörigkeit zum genossenschaftlichen Verein heisst darum auch mit Recht die Mitgliedschaft.

Der Einzelne geht indessen in diesem Körper nicht vollständig auf, sondern in allen von der Mitgliedschaft nicht berührten Beziehungen bleibt er in seiner Persönlichkeit vollkommen frei und selbständig, so dass er dem Vereine selbst ganz wie ein Dritter gegenüber stehen kann, genau so wie es stattfindet im Verhältniss des Gemeindebürgers zur Gemeinde, des Staatsbürgers zum Staate.

Wie bei jedem lebenden Körper, so scheiden auch bei dem Vereine fortwährend Elemente aus, und wie jeder lebende Körper, so muss auch der Verein, um sich zu erhalten und zu wachsen, die Fähigkeit besitzen, d. h. so organisirt sein, dass er fähig ist, fortwährend neue Elemente in sich aufzunehmen.

Es ist nun die Frage, wie der rechtliche Vorgang zu denken sei, wenn ein Verein entsteht, und wie, wenn er neue Elemente, neue Mitglieder in sich aufnimmt.

Es ist eine landläufige und mit einer gewissen Selbstverständlichkeit immer wieder nachgesprochene Meinung, dass die Genossenschaft durch einen Vertrag entstehe, welchen die zur Bildung derselben zusammentretenden Personen unter sich abschliessen, indem sie durch ihren übereinstimmenden Willen das für sie alle massgebende Statut feststellen.

In gleicher Weise pflegt man zu sagen, die Aufnahme neuer Mitglieder erfolge durch einen Vertrag, der zwischen der Genossenschaft und dem neu aufzunehmenden Mitgliede abgeschlossen werde.

Dieser allgemeinen Meinung muss entschieden entgegengetreten werden. Das wahre Verhältnis stellt sich vielmehr in folgender Weise dar.

Damit eine Genossenschaft, ein Verein entstehen kann, muss vor Allem die Verfassung, gewöhnlich Statut genannt, festgestellt werden. Sie kommt in der Weise zu Stande, dass diejenigen, welche einen Verein, eine Genossenschaft gründen wollen, den Inhalt der Verfassung so feststellen, wie es Alle oder die meisten von ihnen für den zu erreichenden Zweck als am besten dem gemeinen Nutzen dienlich erachten. Es ist hiemit nicht mehr gegeben, als eine von den Gründern der Genossenschaft ausgegangene Meinungsäusserung, welcher noch nicht die geringste rechtliche Bedeutung innewohnt und welche insbesondere die Bedeutung einer die Abstimmenden oder auch nur die Zustimmenden bindenden Beschlussfassung nicht hat. Es liegt vielmehr nichts Anderes vor, als ein die Bildung der Corporation vorbereitender gesetzgeberischer Act, welcher erst dadurch eine rechtliche Bedeutung erlangt, dass eine Anzahl von Personen und zwar jeder Einzelne für sich durch einen einseitigen Willensact dem geschaffenen Gesetze freiwillig sich unterwirft und dadurch die Corporation selbst zur Entstehung bringt.

Von einem Vertragsverhältnis kann da überall keine Rede sein, und ebenso ist es, wenn in die bestehende Genossenschaft neue Mitglieder aufgenommen werden. Jedes Mitglied, ob zu den Gründern oder zu den später Aufgenommenen gehörig, ist sich, wenn auch nicht über die Gründe, so doch darüber vollständig klar, dass es sein Verhältnis zu den andern Mitgliedern und zur Gesammtheit als ein vertragsähnliches nicht aufzufassen hat, und es ist in der That vollständig in der Natur der Sache begründet und darum vollständig berechtigt, wenn die Mitglieder von Vereinen, Genossenschaften, sich ihr Verhältnis in und zu der Corporation nicht anders denken als so, wie sie auch ihr Verhältnis im Staat und zum Staat, in der Gemeinde und zu der Gemeinde aufzufassen gewohnt sind; wird ja doch dort so wenig wie hier über den Inhalt eines Mitgliedvertrages unterhandelt, und es drängt sich von selbst bei der Aufnahme in eine Genossenschaft geradeso wie bei der Aufnahme in den Staats- oder Gemeindeverband das Bewusstsein auf, dass da wie dort die

Mitgliedschaft von den berufenen Organen nicht eines privaten Interesses wegen, sondern wegen eines alle gegenwärtigen und zukünftigen Glieder umfassenden gemeinnützigen Zweckes gemäss der bestehenden Verfassung auf Nachsuchen „verliehen" wird. Nicht also Vertrag, sondern Verleihung ist es, wodurch die Mitgliedschaft zu einem genossenschaftlichen Vereine erworben wird.

§ 8. Organisation, Willens- und Handlungsfähigkeit des Vereins.

Damit ein genossenschaftlicher Personenverband als selbständiges Rechtssubjekt auftreten könne, ist erforderlich, dass der Genossenschaftskörper Organe besitzt, durch welche derselbe einen selbständigen Willen als Willen der Gesammtheit einheitlich zu äussern und nach aussen geltend zu machen im Stande ist.

Daher muss die Verfassung solche Organe schaffen; sie muss zugleich bestimmen, wie einzelne Mitglieder dazu, als Organe der Genossenschaft zu fungiren, berufen werden, und zugleich hat sie, wo mehrere Organe geschaffen werden, den Wirkungskreis jedes einzelnen Organes festzustellen.

Diese Organe und beziehungsweise diejenigen Mitglieder, welche als Träger dieser organischen Functionen bestimmt werden, bringen dann innerhalb des ihnen übertragenen Wirkungskreises, aber auch nur innerhalb desselben, die Körperschaft als solche mit rechtlicher Wirkung zur erkennbaren Erscheinung.

Unrichtig wäre es, diese Organe als Bevollmächtigte oder als Stellvertreter der Genossenschaft zu betrachten, sie sind vielmehr diejenigen Körperschaftstheile, durch welche das Leben der Genossenschaft sich äussert, gerade so, wie sich durch die Organe unseres leiblichen Körpers das Leben desselben äussert.

Weil nun aber die Träger dieser organischen Functionen zugleich selbständige Personen mit einer ihnen persönlich zustehenden Rechtssphäre sind, so hat die Verfassung (das Statut) auch solche Bestimmungen zu treffen, welche dafür sorgen, dass man erkennen kann, ob im einzelnen Falle eine Lebensäusserung der Genossenschaft vorliegt, oder ob derjenige, der zugleich mit der Function eines körperschaftlichen Organes betraut ist, für sich in seiner Eigenschaft als selbständiges Rechtssubjekt gehandelt hat.

Die Generalversammlung.

Eines der wichtigsten Organe des genossenschaftlichen Vereins ist die Generalversammlung und zwar ist sie jenes Organ, welches entweder in einziger oder in höchster Instanz den Willen des Vereins festzustellen befugt ist, und jedesmal, wenn sie dieses Amtes waltet, die Willensfähigkeit des Vereines darstellt.

Gleichviel ob dies durch einhelligen Beschluss aller Mitglieder oder durch Majoritätsbeschluss zu Stande gebracht wird, immer ist es nicht der individuelle Wille der zur Bildung des Beschlusses beitragenden Einzelpersonen, sondern es ist der Wille des Vereins oder der Genossenschaft, der Wille der juristischen Person, welcher durch die Beschlüsse der Generalversammlung zum Ausdruck gebracht wird. Insbesondere ist der Majoritätsbeschluss nichts anderes als das Mittel, trotz der Uneinigkeit der Einzelwillen zu einem einheitlichen Genossenschaftswillen zu gelangen. Hieraus ergibt sich nun zugleich die wichtige Schlussfolgerung, dass durch die Beschlüsse der Generalversammlung, gleichviel ob dieselben einstimmige oder Mehrheitsbeschlüsse sind, nicht eine Verbindlichkeit der einzelnen Mitglieder und nicht aller Mitglieder susammen, sondern nur eine Verbindlichkeit der Genossenschaft als solcher begründet wird.

Der Vorstand.

An der Spitze des genossenschaftlichen Körpers steht als weiteres Organ — gleichsam das Haupt bildend — die Vorstandschaft, der Vorstand. Derselbe wird in der Regel durch die Generalversammlung gewählt; aber weil diese oder ein etwaiges anderes Organ nicht den Willen der Wählenden, sondern den Willen des Vereins zum Ausdruck bringt, wird der Vorstand, der aus einer oder mehreren Personen bestehen kann und bei eingetragenen Genossenschaften nach dem Gesetze mindestens aus 2 Personen bestehen muss, nicht zum Mandatar seiner Wähler, auch nicht zum Bevollmächtigten aller Vereinsmitglieder, sondern zu einer verfassungsmässigen Vereinsbehörde, deren Aufgabe in der Regel eine doppelte ist. Der Vorstand hat nämlich nicht blos innerhalb des ihm durch das Statut zugewiesenen Geshäftskreises Beschlüsse zu fassen und dadurch den Willen der Körperschaft zustande zu bringen, sondern es liegt ihm auch ob, den auf diese oder auf andere Weise zustande gekommenen Willen der Körperschaft im vollen Umfange des der Körperschaft selbst durch die Verfassung gegebenen Geschäftskreises nach aussen zur Geltung zu bringen, oder um mit den nicht ganz korrekten Worten des Gesetzes zu sprechen, die Genossenschaft gerichtlich und aussergerichtlich zu vertreten. Es hat also die Vorstandschaft sowohl innerhalb ihres speciellen Wirkungskreises die Willensfähigkeit, als auch im ganzen Umfang der zu entwickelnden Vereinsthätigkeit die Handlungsfähigkeit des Vereins nach aussen darzustellen. Die Handlungen des Vorstandes, soweit sie überhaupt verfassungsmässig sind, sind demgemäss als Handlungen der Genossenschaft zu betrachten und erzeugen folgerichtig Rechte und Verbindlichkeiten unmittelbar nicht für die Mitglieder des Vorstandes selbst, auch nicht für die übrigen Mitglieder der Körperschaft, sondern nur für die Genossenschaft, für diese aber im ganzen Umfange ihres Geschäftskreises.

Zwar kann die General-Versammlung kraft ihres souveränen Willens die Gewalten des Vorstandes nach Gutdünken einschränken, aber eine derartige Einschränkung hat Dritten gegenüber keine rechtliche Wirkung, es wäre denn, dass der Dritte selbst die Beschränktheit der Befugnisse des Vorstandes gekannt hätte.

Der Aufsichtsrath.

Häufig findet sich in der Verfassung (Statut) noch ein drittes Organ des Vereins vorgesehen, nämlich der Verwaltungsrath oder der Aufsichtsrath. Es ist dies eine Behörde, welche in der Regel gleichfalls von der General-Versammlung gewählt wird und welche hauptsächlich dazu bestimmt ist, die Geschäftsführung des Vorstandes zu beaufsichtigen. Auch sind in der Verfassung meistens einige besonders wichtige Gegenstände der Geschäftsführung bestimmt bezeichnet, hinsichtlich deren der Vorstand an die vorgängige Beschlussfassung oder Begutachtung des Verwaltungsrathes gebunden wird. Der Wirkungskreis des Verwaltungsrathes oder Aufsichtsrathes ist hiemit jedoch nicht nothwendig erschöpft, sondern ist überhaupt nach den besonderen Bestimmungen der Verfassung zu beurtheilen. Nur so viel ist festzuhalten, dass in der Vertretung der rechtlichen Beziehungen des Vereins nach Aussen der Verwaltungsrath nicht an die Stelle des Vorstandes treten kann, wie überhaupt der Verwaltungsrath nicht in unmittelbaren Verkehr zu Dritten zu kommen pflegt.

§ 9. Die Rechtsfähigkeit des Vereins nach Innen.

Die Rechtsfähigkeit, welche ein Verein als juristische Person besitzt, ist eine zweifache, nämlich eine solche nach Innen und eine solche nach Aussen.

Im Verhältnis nach Innen und zu seinen Mitgliedern steht der Verein — wie der Staat seinen Bürgern — als eine höhere Allgemeinheit gegenüber, er ist für das von ihm gewählte Wirkungsgebiet ein den einzelnen Mitgliedern übergeordnetes Wesen.

Wie der Staat, so gibt er sich seine eigenen Gesetze und ändert nach Befinden die bestehenden ab, es steht ihm also in diesem Sinne das Recht der Gesetzgebung zu, er übt das Recht der Selbstverwaltung aus mit allen daraus fliessenden Befugnissen, namentlich mit dem Recht in allen gemeinheitlichen Sachen einen Beschluss zu fassen und zu vollziehen, und hat nach jeder dieser Richtungen gegenüber seinen Mitgliedern Anspruch auf Treue und Gehorsam.

Derselbe übt sodann auch das Recht der Selbstbesteuerung, und wenn er Beiträge von seinen Mitgliedern fordert, so beruht die Zahlung derselben, soferne es sich nicht um Leistungen handelt, die in einem besonderen Vertrage bedungen sind (cfr. § 10), nicht auf einer vertragsmässigen Verbindlichkeit der Mitglieder, sondern auf der von dem Verein als der höheren, über seinen Mitgliedern stehenden Allgemeinheit gegebenen Anordnung. Es sind also diese Beiträge für den Verein genau dasselbe, was für den Staat die Steuern, für die Gemeinde die Umlagen sind.

Auch steht — gleichwie dem Staate über seine Unterthanen — dem Vereine eine Gerichtsbarkeit über seine Mitglieder zu, indem er innere Streitigkeiten entscheidet und Strafen verhängt, beziehungsweise durch seine Organe in seinem Namen innere Streitigkeiten entscheiden und Strafen verhängen lässt.

§ 10. Die Rechtsfähigkeit des Vereins nach Aussen und die Sonderrechte der Vereinsmitglieder.

Nach Aussen d. i. dritten Personen gegenüber können dem Verein von Privatrechten selbstverständlich jene nicht zukommen, welche eine menschliche Existenz zur Grundlage haben, also nicht Familienrechte. Sonst aber ist seine Rechtsfähigkeit in privatrechtlicher Hinsicht nicht beschränkt, d. h. sie erstreckt sich auf das gesammte Vermögensrecht; demgemäs kann der Verein Mobiliar- und Immobiliarvermögen besitzen, dingliche Rechte an dem Eigenthum Dritter erwerben, wie umgekehrt Dritte dingliche Rechte an dem Vermögen des Vereins erwerben und besitzen können; der Verein kann als Erbe eingesetzt und mit Vermächtnissen bedacht werden; endlich hat derselbe am örtlichen Mittelpunkt seines Lebens einen besonderen Wohnsitz und Gerichtsstand.

Insbesondere ist zu beachten, dass, weil der genossenschaftliche Verein seinen eigenen Mitgliedern als ein selbstständiges Rechtssubject gegenübersteht, derselbe auch mit seinen eigenen Mitgliedern alle Arten von Rechtsgeschäften abschliessen und denselben gegenüber auf jede Art wie gegenüber Dritten berechtigt und verpflichtet werden kann. Demgemäss handelt es sich, wie nachdrücklich betont werden muss, bei solchen Rechten und Verbindlichkeiten, welche zwischen dem Verein und seinen Mitgliedern durch besondere Rechtsgeschäfte begründet werden — so sehr dieselben auch mit dem Zweck des Vereins im Zusammenhang stehen mögen — nicht um innere Rechtsverhältnisse des Vereines, nicht um Rechte und Pflichten aus der Mitgliedschaft, und die Mitglieder sind nicht als Mitglieder berechtigt und verpflichtet, sondern sie sind dies nicht anders wie dritte, ausser dem Verein stehende, selbstständige Personen. Daher sind auch alle durch besonderen Vertrag zwischen Verein und Mitgliedern entstandenen Verbindlichkeiten gegen jede einseitige Aenderung geschützt und namentlich können derartige auf besonderen Rechtsgeschäften beruhende Rechte der Mitglieder nicht durch Statutenänderung oder Generalversammlungsbeschlüsse zum Nachtheil der berechtigten Mitglieder verändert werden.

Ganz anders, ja gegensätzlich verhält es sich, wenn die sogenannten Sonderrechte der Mitglieder d. h. solche Rechte der Mitglieder in Frage sind, die nicht durch einen zwischen dem Verein und den einzelnen Mitgliedern abgeschlossenen besonderen Vertrag begründet werden, sondern vielmehr aus dem Zwecke des Vereins selbst hervorgehen und durch die Verfassung (Statut) begründet sind. Beispiele solcher Sonderrechte finden wir schon in den alten Gilden, Bruderschaften, Zünften und Gesellenvereinen, und es gehört hierher insbesondere die statutenmässige Verwendung der Kasse und der im Nothfall zur Ergänzung eingeforderten ausserordentlichen Mitgliederbeiträge für die Unterstützung der von einem Unfall betroffenen Brüder, für Gewährung von Vorschüssen aus der Kasse, ferner der Anspruch verarmter oder erwerbsunfähig gewordener Genossen und der wandernden Gesellen auf Gewährung von Unterstützungsgeldern.

Das gleiche Verhältnis finden wir bei unsern genossenschaftlich organisirten Sterbevereinen, Begräbnisskassen, den Wittwen- und Waisenkassen und andern dergleichen Vereinen, sofern es sich um Ansprüche der Mitglieder handelt, die nicht auf einem zwischen dem Verein und den einzelnen Mitgliedern abgeschlossenen Vertrage beruhen, sondern ohne Weiteres auf der Mitgliedschaft selbst beruhen und von selbst aus der Verfassung (Statut) hervorgehen.

Ebendeshalb aber, weil solche Ansprüche auf der Verfassung, diesem für alle Mitglieder bindenden Gesetze beruhen, können die Bestimmungen über den Erwerb solcher Ansprüche jederzeit auf verfassungsmässigem Wege geändert werden; Ansprüche dagegen, für welche die Bedingungen ihres Anfalles bereits eingetreten sind, welche auf Grund der Verfassung einmal erworben worden sind, die bereits geboren sind, können durch den einseitigen Willen der Genossenschaft und durch Statutenänderung nicht mehr geschmälert werden.

Ein Beispiel hiefür bietet bei den Erwerbsgenossenschaften die sogenannte Dividende; dieselbe kann in verfassungsmässiger Weise beliebig hoch festgestellt werden; ist sie aber einmal in einer bestimmten Höhe festgestellt, so hat jeder einzelne Dividendenberechtigte einen jeder einseitigen Schmälerung entzogenen klagbaren Anspruch gegen die Genossenschaft.

Aus dem Gesagten ergibt sich, dass der Unterschied zwischen denjenigen Rechten, welche den Mitgliedern als Dritten, und denjenigen Sonderrechten, welche den Mitgliedern als Mitgliedern gegen den Verein zustehen, nicht mit dem Zweck des Vereines in Zusammenhang steht, sondern in der Frage liegt, ob dieselben auf einem besonderen Vertrage oder auf der Verfassung beruhen. Für gewisse Vereine gewinnt dies eine ganz besondere Bedeutung. Es gibt nämlich Vereine, die ihren Zweck nur dadurch erreichen wollen und oft nur dadurch erreichen können, dass sie mit ihren Mitgliedern besondere Verträge abschliessen, die oft so sehr mit dem Zweck des Vereines zusammenhängen, dass von dem Abschluss solcher Verträge die Erwerbung der Mitgliedschaft selbst bedingt ist. In allen diesen Fällen ist es für die richtige Beurtheilung der aus den Verträgen für die Mitglieder entstehenden Rechte und Verbindlichkeiten von grösster Wichtigkeit daran festzuhalten, dass diese Rechte und Verbindlichkeiten genau so zu beurtheilen sind, als wenn der Vertrag mit dritten, ausser dem Verein stehenden Personen geschlossen wäre. Gerade darin nämlich, dass dies durchgängig übersehen wird, beruhen die Irrthümer und Unklarheiten, an denen die heutige Rechtsprechung auf diesem Gebiete grossentheils leidet.

§ 11. Die Haftpflicht der Mitglieder.

Zum Schlusse ist noch die Frage in's Auge zu fassen, ob und inwieweit für die Verbindlichkeiten des Vereins nicht blos das Genossenschaftsvermögen haftet, sondern auch eine Mithaftung der einzelnen Mitglieder stattfindet.

Ursprünglich war es so, dass für die Verbindlichkeiten der Genossenschaft allemal auch jeder einzelne Genosse persönlich haftete, bald in der Weise, dass der Berechtigte seinen Anspruch nach Belieben gegen die Genossenschaft oder gegen einen oder mehrere Genossen geltend machen konnte, so dass also die Verbindlichkeit der Genossenschaft zugleich die Verbindlichkeit jedes einzelnen Genossen war; bald aber in der Weise, dass zuerst die Genossenschaft vor den einzelnen Genossen in Anspruch genommen werden musste, so dass also die Hauptverbindlichkeit bei der Genossenschaft war, jeder einzelne Genosse aber subsidiär für die Verbindlichkeit mitverhaftet war. — Die Haftung der Genossen konnte entweder eine antheilsweise oder eine solidarische sein, oder auch nur zunächst eine antheilsweise und erst im Nothfalle in Bezug auf etwaige Ausfälle eine solidarische. Gemäs des Grundsatzes, dass „Einer für Alle" stehen müsse, war die Solidarhaft der Genossen von Alters her die Regel.

Seitdem aber an Stelle der alten Gilden mit ihren alle Lebensbeziehungen umfassenden Zielen Vereine für besondere Zwecke getreten sind, kann die Mithaftung der Genossen für die Schulden des Vereins nicht mehr als allgemeine Norm festgehalten werden; denn es würde einer grossen Klasse von Vereinen, insbesondere jenen, welche sittliche, religiöse, gesellige, wissenschaftliche, künstlerische, politische und andere dergleichen Zwecke verfolgen, kaum entsprechen und einer wünschenswerthen Ausbreitung derselben nur hinderlich sein, wenn man eine persönliche Haftung der Vereinsmitglieder neben jener der Vereinskasse bestehen lassen würde. Mit Recht hat daher das bayerische Gesetz über die anerkannten Vereine für alle Vereine, auf welche dieses Gesetz anwendbar ist, es nicht für erforderlich erachtet, jene deutsch-rechtliche Idee festzuhalten, sondern hat in Artikel 11 bestimmt, dass für die Verbindlichkeiten des Vereins nur das Vereinsvermögen den Vereinsgläubigern haftet und die Mitglieder lediglich zur Entrichtung der im Statut festgesetzten Beiträge dem Vereine gegenüber verpflichtet seien.

Dagegen hat schon das Genossenschaftsgesetz des Norddeutschen Bundes vom 4. Juli 1868 jenen deutsch-rechtlichen Gedanken von der Mithaftung der Genossenschaften zu dem Zwecke, die Creditfähigheit der Erwerbs- und Wirthschafts-Genossenschaften zu begründen und zu verstärken, wieder aufgefrischt, indem es bestimmte, dass alle Genossen einer eingetragenen Genossenschaft solidarisch mit ihrem ganzen Vermögen für die Verbindlichkeiten der Genossenschaft und zwar unmittelbar den Gläubigern gegenüber haftbar seien.

Indessen hatte schon vor Erlass dieses Gesetzes das Königreich Sachsen ein Gesetz über die juristischen Personen erlassen, in welchen auch Genossenschaften mit beschränkter Haftpflicht zugelassen und den Genossenschaften die Wahl zwischen beschränkter und unbeschränkter Haftpflicht freigestellt war. Gleiches war der Fall nach dem Bayerischen Genossenschaftsgesetz vom 29. April 1869. Das Sächsische Gesetz wurde schon gleich nach seiner Geburt auf's Heftigste angegriffen, und gleichen Angriffen war das Bayerische Genossenschaftsgesetz hinsichtlich seiner Bestimmungen über die Genossenschaften mit beschränkter Haftpflicht so sehr ausgesetzt, dass es im Jahre 1873 aufgegeben werden musste.

Bald aber entstand wieder eine rückläufige Bewegung, und das revidirte Genossenschaftsgesetz, das Reichsgesetz vom 9. Mai 1889 kennt nun 3 Arten von Genossenschaften:

1. Die Genossenschaft mit unbeschränkter Haftpflicht d. i. diejenige, bei welcher die einzelnen Genossen neben der Genossenschaft den Genossenschaftsgläubigern unmittelbar und mit ihrem ganzen Vermögen haften.

2. Die Genossenschaft mit unbeschränkter Nachschusspflicht d. i. diejenige, bei welcher jeder Genosse zwar auch mit seinem ganzen Vermögen, aber nicht unmittelbar den Genossenschaftsgläubigern haftet, sondern nur der Genossenschaft gegenüber dazu verpflichtet ist, der letzteren die zur Befriedigung der Gläubiger erforderlichen Nachschüsse zu leisten.

3. Die Genossenschaft mit beschränkter Haftpflicht d. i. diejenige, bei welcher jeder Genosse nur bis zu einem im voraus bestimmten Betrage, jedoch bis zu diesem Betrage sowohl der Genossenschaft gegenüber haftet, wie auch von den Gläubigern unmittelbar in Anspruch genommen werden kann.

Bei Schaffung eines bürgerlichen Gesetzbuches wird auch die Frage der rechtlichen Natur der genossenschaftlichen Vereine prinzipiell zu regeln sein. Der Entwurf enthält in § 42 nur die ungenügende Bestimmung:

> „Die juristische Persönlichkeit eines Personenvereins
> „und der Verlust dieser Persönlichkeit bestimmen sich in
> „Ermanglung besonderer reichsgesetzlicher Vorschriften
> „nach den Landesgesetzen des Ortes, an welchem der
> „Personenverein seinen Sitz hat."

Weitergehende Anträge im Sinne einer allgemeinen Lösung der Frage hat der deutsche Juristentag gestellt. Möge die Frage in deutschem Geiste und ganz den nationalen Bedürfnissen entsprechend gelöst werden!

Druck des Literar. Instituts Dr. M. Huttler, Konrad Fischer in München.